Niranjana Adelberger

Kunst aus dem Herzen

- *Durchgaben* -
- *Reflexionen* -

- Band 4 -

Impressum:

© 2014 Niranjana Adelberger

Herstellung und Verlag:

BoD - Books on Demand, Norderstedt

ISBN: 978-3-73473-499-1

Durchgaben

Malerin: Niranjana Adelberger

Deine Liebe

Deine Liebe ist nicht fest genug.
Du lässt Dich immer wieder abschrecken.
Wie willst Du mit mir durch alles durch,
wenn Du bei der ersten Prüfung schon weg rennst?
Wenn Du erst bei mir bist, werden ganz andere
Schrecken auf Dich warten.
Ich lebe im Dschungel. Da, wo ich bin,
raschelt es im Unterholz.
Es regnet im Winter durch die Hütte.
Ich bin es gewohnt in der Kälte zu sitzen.
Des Nachts durch den Wald zu laufen.
Ich kenne die Panther auf den Bäumen,
die Schlangen in den Ästen,
die Wolfsrudel, deren Augen in der Dunkelheit leuchten.

Was willst Du bei mir?
Romantische Abende bei Kerzenschein?
Sternenstaub fangen im Mondschein?
Auf Felldecken sitzen und Wein trinken,
während warm und knisternd das Feuer brennt?

Ja.
Schön wäre das.

Doch mir steht das Wasser bis zum Hals.
Ich habe keine Zeit für sowas.
Hier ist es gefährlich.
Und ich kann hier nicht weg.

Ja. Renne.
Renne nur. Soweit wie Du kannst.
Das ist kein Leben für Dich.

Dein Prinzessinnenkleid wird zerfetzt werden,
die schöne glitzernde Krone im nassen Laub
verschwinden und Du wirst schreiend davonlaufen,
wenn all Deine Träume geplatzt sind.

Und ich werde mich einsamer fühlen
als je zuvor.

Deine Liebe

Deine Liebe ist nicht fest genug.
Denn Du bist einzig beschäftigt,
Vergeblichkeit zu sehen.

Weil ich nicht stehenbleibe,
während Du Deine Ohren spitzt
ob des Raschelns im Unterholz
und den Wolfsrudeln lauschst, die näher kommen.

Weil ich nicht stehenbleibe,
während Du den Schlangen auf den Ästen zusiehst,
die zischend in meine Richtung kommen und
den Panther beobachtest, der auf dem Baum
seine Muskeln zum Sprung in meinen Rücken
vorbereitet.

Nein.
Ich bleibe nicht stehen.

Denn Deine Liebe ist nicht fest genug.
Weil Du nur da stehst und alles zur mir durch lässt.
Dich nicht schützend vor mich stellst,
hinter mich oder neben mich.

Du hast keine Zeit für Romantik bei Kerzenschein?
Für Sternenstaub und Felldecken?
Wegen all der Gefahr?

Ja. Ich weiß.
Weil Du die Türen nicht abschließt.
Weil die Panther und Schlangen, Wölfe und alles,
was sich bewegt da im Unterholz,
vordringen können zu Dir, egal wo Du bist.

Ja, Du lebst gefährlich.
Weil Du all den Gefahren nicht Einhalt gebietest,
einzig geübt nur, ihnen auszuweichen oder Dich
von ihnen vor sich hertreiben zu lassen.
Deshalb ist es in Deiner Hütte auch nass und kalt.
Weil selbst der Regen zu Dir durchkommt und
Du die Löcher nicht stopfst.

Ja, das ist kein Leben für mich.
Denn ich würde nicht schreiend davonlaufen,
ich würde mich stellen.
Doch das nicht meine Aufgabe.
Denn es ist Dein Wald. Nicht meiner.

Der schwarze Wächter

Es war einmal eine Blume, die lebte tief tief
in einem sehr dunklen Wald.
Es drang nur selten ein Sonnenstrahl zu ihr durch
und so öffnete sie ihre Blüten nicht.
Sie war sehr klein und unscheinbar.
Sie sah sich selbst kaum und auch der Wald sah
sie nicht. Und das war gut so.

Damit alles so blieb wie es war,
gab es im Wald einen Wächter.
Er war ganz schwarz. Das war seine Tarnfarbe.
Sollte sich etwas Helles und Lebendiges im Wald
verirren, konnte der Wächter es beobachten,
ohne entdeckt zu werden.
Seine Aufgabe war, es von der Blume fernzuhalten.
Sie am Blühen zu hindern.

Denn nur so ging es dem Wächter gut. Weil er voll war.
Voll Schmerz. Der Schmerz war so groß, dass er,
um mit ihm zu leben, sehr hart geworden war.
Liebe war die größte Gefahr. Und somit sein Feind.
Ihr hatte er abgeschworen. Für immer.
Denn als sein Herz offen und weit war, wurde es mit
unvorstellbarer Brutalität zertreten.
Er hätte es nicht überlebt,
wäre er nicht so hart geworden.

Und so gnadenlos.
Um nicht erkannt zu werden, begrüßte er jeden,
der den Wald zu betreten gedachte, zuerst freundlich.
Denn meist reichte es schon, wenn er signalisierte,
dass man nicht tiefer eindringen durfte.
Niemand hinterfragte das groß. Jeder gehorchte schnell.
Nunja, es gab sie schon. Die, die sich mit ihm anlegten.
Sie hatten das Fürchten gelernt.

Immer dann zitterte die Blume sehr.
Manchmal weinte sie auch. Leise und still vor sich hin.
Ihre Tränen hatten sich in den Boden gelegt
und machten ihn feucht und schwer.
Und sie sank immer tiefer hinein.
Manchmal konnte sie kaum noch atmen.
Weil es so dunkel um sie war.
So sehr sehnte sich nach den Strahlen der Sonne.
Sie fühlte sich sehr allein. Sehr einsam und verlassen.

Doch eines Tages spazierte einer im Wald herum
auf ganz leisen Sohlen.
So leise, dass der Wächter meinte,
er könne herablassend still bleiben,
müsse sich noch nicht kümmern.

Als dieser Mensch dann niederkniete und
mit seinen Händen das weiche, saftige Moos berührte,
spürte er durch seine Seele die Trauer und den Duft
einer sehr schönen Blume.

Und verliebte sich in sie.

Als der Wächter das sah,
bat er ihn aus dem Wald hinaus. Freundlich.
Der Mensch trat zurück, wie erwünscht.
Doch konnte er den Duft nicht vergessen.
Immer wieder hörte er das seltsame Weinen
in seinen Träumen und manchmal stieg dieser
feine Duft in ihm auf, egal wo er war.

So kehrte er wieder zurück.
Vorsichtig und behutsam schlich er ums Moos.
Blickte sich um und suchte.
Der Wächter beobachtete ihn. Und die Blume.
Es war Gefahr im Verzug. Er müsste deutlicher werden.
So bediente er sich dunkler Geräusche.
Doch der Mensch hörte sie nicht und ging weiter.
So ließ er Äste aus der Erde sprießen.
Doch der Mensch stieg darüber und ging weiter.
Und während die Blume sanft Farbe bekam,
leise Töne von sich gab und ihre Blätter
zu schwingen begannen,
ließ der Wächter direkt auf den Eindringling
einen Baum runter krachen.

Erschrocken und getroffen rannte der aus dem Wald
legte sich in Fell und Decken,
um seine gebrochenen Knochen zu heilen.

Er spürte, dass dieser Wald gefährlich war,
doch die Blume hatte ihn gefühlt.
Jetzt rief sie nach ihm. Immer und immer wieder.
Immer und immer wieder. Immer und immer wieder.

Und er konnte nicht anders.
Sobald seine Knochen geheilt waren,
ging er erneut in den Wald.
Während der Wächter entsetzt die Augen aufriss,
gefährlich grummelte und sich fragte,
wie hart er wohl jetzt vorgehen soll,
hatte sich der Mensch noch viel weiter rein gewagt.
So weit, dass sich die Blume und er ansahen.

Und da begann sie. Unaufhaltsam.
Die Liebesgeschichte.

Der Wächter hatte nun viel zu tun.
Er musste ausbalancieren.
Den Eindringling auf Abstand halten
und die Blume am Wachsen hindern.
Sobald die Blume erstrahlte, trat er sie nieder.
Dann sie zitterte vor Angst.
Sobald der Eindringling zu nah kam, trat er ihn weg.
Ihn überkam Trauer.

Doch kämpfte er sich tapfer immer weiter vor.

Und eines guten Tages –
als ihre Herzen weit und offen
voreinander standen,
gelang dem Wächter
ein gnadenloser Schwertwurf.

Mitten hinein.

Der Durchgang

durch den es fließen kann verengt sich.
Es kommt nur ein Hauch hin zu mir.
Leises und sanftes Wehen, so zart,
ich erkenne es kaum.
Ich ahne es und fühle –
weil es durch meine Räume summt.
Durch meine Zwischenräume.

Helles Leuchten glimmt und wird sogleich verschluckt.
Zünde mir diese Kerze an. Ich bitte Dich.
Sende den Gesang Deiner Liebe beständig.
Ich bitte Dich.

Meine Augen sind immerfort auf Dich gerichtet.
Mein Herz lauscht süchtig Deinem Klang.
Bitte wende Dich nicht ab. Ich bitte Dich.
Ziehe Deine Bahnen, berühre mich,
segne und liebe mich.

Nur Du allein kannst den Docht befreien und finden.
Ich habe seinen Ort vergessen.
Alles liegt hier querfeldein.
Ich bin erschlagen und habe für mich selbst
keinen Platz.
Halte mich in Deinem Herzen,
bitte schicke mich nicht fort.
Denn Deine Liebe ist mein Atem.
Der einzige Strahl hellen Lichts in meinem Leben.

Die Schnecke

Ich bin so schwer. Komme kaum vom Fleck.
Ich trage mein ganzes Haus auf dem Rücken,
wo immer ich bin, wohin ich auch gehe.
Ich brauche das, damit ich mich schnell
verkriechen kann.

Wenn es zu windig ist draußen. Zu kalt oder zu warm.
Ich bin zu empfindlich dafür, so brauche ich Schutz.
Ich kann mich dem Wetter nicht aussetzen.
Mich ihm nicht stellen und dann überleben.

Ich setze meine Kraft anders ein.
Sie dient meinem Rückzug.
Der Fähigkeit, allein zu sein und mich wegzudrehen.
Die Augen zu schließen und die Welt da draußen
an mir vorbeiziehen zu lassen.
Meine Neugier an ihr zu besiegen.
Meine Wünsche. Und meine Bedürfnisse.
Weil ich auch gerne den Wind fühlen möchte.
Den Regen spüren und die Wärme der Sonne.
Weil ich auch gerne verbunden wäre mit dem Klang,
der so heilig durch den Äther zieht und mich
herauslockt.
Aus meinem Haus. Für kurze Zeit.

Ich habe mich abgefunden.
Mit meiner komplizierten Lebensweise.
Dass man mich nicht versteht,
habe ich längst verstanden.
Das Kopfschütteln und das
mich „herausziehen" wollen bin ich leid.

Dass ich „falsch" bin, weiß ich schon längst.

Ein Problem bin ich.
Für mich selbst und für Andere.
Deshalb lasst mich allein.
Ihr Alle!

Weil ich nicht mitgehen kann.
Mit Euch.

Ich bleibe immer auf der Strecke.

Geliebte Schnecke

Du bist so schwer. Kommst kaum vom Fleck.
Du trägst Dein ganzes Haus auf dem Rücken,
wo immer Du bist, wohin Du auch gehst.

Und wenn Du herauskommst,
so zart und weich auf meiner Haut entlang streifst,
will ich mich kaum bewegen. Dich nicht verschrecken.
Damit Du da bleibst.

Ich wage es nicht zu atmen.
Wage nicht, Dich anzusehen, Dir zu begegnen.
Weil ich dann Wind mache. Und Regen.
Und Du Dich verkriechst.

Während mir Flügel aus den Schultern wachsen,
Dich zu umarmen – stutze ich sie.
Während die Freude an Deiner Zartheit aus meinen
Poren sprudelt, stopfe ich sie.
Während das Glück mir einen Schrei entlockt,
einen wilden, lauten Schrei,
halte ich ihn mit all meiner Kraft zurück.

Weil Du Dich dann wegdrehst und rein drehst.
Hinein in Dein Haus. Vor Schreck vor den Winden.
Dem prasselnden Regen. Den dicken Tropfen.
So lustvoll, kraftvoll, weich und nass.

Wie kann ich Dich lieben? Wie Dich berühren?
Wie finde ich diesen Weg?
Immer fühle ich mich „falsch",
weil ich wieder zu laut war.
Zu windig - zu nass.
Weil ich ihn immer versuche. Den Tanz.
Den gemeinsamen – nicht den einsamen.

Und ich habe verstanden.
Wir können nicht tanzen, wenn Du Dich mir nicht stellst.
Wir können nicht tanzen, wenn ich nur halb sein darf.
Ich kann es nicht tragen. Nicht mehr ertragen.
Weil ich fast platze. Weil ich fließen will und strömen.
Wie ein plätschernder Bach und ein reißender Fluss.
Weil ich warm bin und heiß.
Feiner Regen und auch ein Wolkenbruch.
Sanfter Wind und ein Orkan.
Voll Angst und Mut.
Voll Umsicht und Leidenschaft.
Leise UND laut!

Und jetzt stehe ich hier und sage:
Komm raus und schau mich an!
Hier bin ich!

Ich muss JA sagen!
Zu mir und all dem, was ich bin.

Und Du kommst raus!
Und sagst: NEIN!
Hier bin ich!
Denn auch ich sage Ja.
Zu mir und meinem Haus.

So stehen wir da. Klar und wahr.
Jeder in seiner unterschiedlichen Kraft.
Und werden auseinander gesprengt.

Es wird keinen Tanz geben.
Und doch.
Wir haben beide gewonnen.

Jeder sich selbst.

Du sollst nicht merken

Ich möchte Dir nah sein.
Weil ich Dich brauche und liebe.
Du sollst es nicht merken.

Ich kann Dich nicht holen.
Nicht rufen, meiner nicht Sehnsucht folgen.
Du sollst es nicht merken.

Meine Angst ist so groß.
Denn ich weiß, wenn ich Dich einlasse,
durch Taten in mein Herz, wird es verglühen.
Ich kann ihn schon spüren, den Brand.
Zu Asche und Staub werde ich zerfallen.

Doch komm. Sei trotzdem hier.
Nur wisse es nicht. Wisse nichts.
Lass mich verschleiert und unberührbar erscheinen.
Gewähre mir diesen Schutz.
Nur so kann ich mich nähern.

Ich erschrecke so leicht.
Ich will hindurch – durch diese Tür.
Doch wenn sie sich öffnet, wage ichs nicht.
Ich stehe da wie erstarrt, kann nicht mich bewegen.
Und wenn Du mich an schubst, laufe ich fort.

Lass mich so da stehen.
So lange, wie es muss.
Ich kanns selbst nicht ertragen.
Doch meine Füße tragen mich nicht.
Bleibe Du wenigstens ruhig.
Sonst zittert es noch mehr.

Zeig mir, dass Du mich verstehst.
So kann ich sie wagen. Kleine Schritte.
Denn jeder einzelne Zentimeter ist mein Kampf.
Mein Kampf gegen die Angst.
Du musst das sehen.
Bleib hier – lass nicht Dich vertreiben.
Ich weiß, dass es schlimm aussieht.
Wie ich so da steh.

Aber bleib hier.
Bitte.

Bleib hier.

Geliebtes Herz,

Dein Schleier verbirgt Augen und Mund,
verschweigt Liebe, die tief ist und stark.
Um dann zu versinken in der Dunkelheit Schlund,
verhüllt, jenseits vom Tag.

Geliebtes Herz,

meine Liebe ist offen und weit und sie spricht.
Sie sprudelt und sprüht aus all meinen Poren.
Du hinter den Schleiern antwortest nicht.
Und ich geh dabei fast verloren.

Geliebtes Herz,

ich kann nicht mehr bleiben vor den Toren der Angst.
Lang schon nicht mehr. Lange nicht mehr.
Und auch wenn ich seh, dass Du zitterst und bangst,
der Schleier der Angst bürdet so schwer.

Er nimmt mir die Luft, die ich brauche zum Atmen,
nimmt Freiheit mir und das Feuer.
Ich mag nicht mehr auf mich selber warten.
Der Preis ist so hoch und so teuer.

Geliebtes Herz,
ich gehe jetzt vor.
Vor - für mich ganz allein.

Ich lass Dich da stehen, vor dem Tor.
Denn diese Angst – sie ist Dein.

Nur Du kannst Dich stellen, mutig und klar,
gehst Du durch irgendwann –

oder bleibst Du da …. ?

Geliebte,

meine große Liebende, ich liebe Dich so sehr.

Du sollst fliegen, lachen, glücklich sein.
Das Leuchten Deiner Augen darf niemals vergehen.

Geliebte,
meine große Liebende, fühle mich.
Ich bin immer hier – ganz nah bei Dir.
Deine Liebe ehre und halte ich tief in meinem Herzen.
Begleiten wird sie mich – und tragen -
für immer auf meinem Weg.
Mein Leben ist nur noch halb so schwer.

Geliebte,
meine große Liebende, ich bin Dein.
Doch die dunklen Kräfte dürfen es nicht sein.
Sie werden Dich zerschmettern und zerstören.
Lasse sie schlafen und ruhen, wecke sie nicht.
Ich bitte Dich um Deiner Liebe willen.
Und um meiner.

Geliebte,
meine große Liebende, meine große Sehende.
Dein „Trotzdem" ist das heiligste und größte Geschenk.
Und wisse, meine Hingegebene,
das „trotzdem" ist auch meins.
Ich lebe ewiglich in Deinem Herzen.
Für immer Dein.

Geliebte, heilige Liebe mein.

Auf Allahs Altar ergeb ich mich.
In tiefer Liebe fühl ich Dich.
Ich geb ihm Dich und alles – alles was ich bin.
Meine Tränen fließen rein und golden zu Ihm hin.
In seine Arme atme ich und gebe alles hin.

Geliebte, heilige Liebe mein.
Meine Trauer ist so tief.
So tief und doch so fein.
Getragen weint sie durch die Sphären,
um Dich – um mich – um unser Sein.

Geliebte, heilige Liebe mein.
Meine Liebe ist für immer Dein.
Sie kann nicht durch Dein Bitten gehen.
So ist Befehl ihr Deines Herzens Flehen.

Geliebte, heilige Liebe mein.
Meine Lieder, die ich singe, beten still für Dich.
Mögest Du geschützt und ewiglich,
getragen sein in meiner Liebe,
sowie die Deine sanft mich hält.

Dein Name wird in meinem Herzen klingen,
wie ein heiliges Gebet,
Gott selbst wird immer darin schwingen,
weil diese Liebe nie vergeht.

Ich möchte

Dir einfach alles sagen können.

Mit leuchtenden oder traurigen Augen.
Je nach dem, was es ist.

Ich möchte, dass Du ernst nimmst,
was Du gehört hast und dann antwortest.

Ich wünsche mir,
dass Du mir einfach alles sagen kannst.
Mit leuchtenden oder traurigen Augen.
Je nach dem, was es ist.

Ich möchte ernst nehmen,
was ich gehört habe und dann antworten.

Unsere Antworten mögen aufsteigen
tief aus unseren Herzen.
Wohlwollend, zugewandt und verbindend.
Immer Wege findend.

Wächter!

Ich richte meine Sprache an Dich, Wächter.

Doch ich weiß, es ist Dir egal.
Und während ich nach Worten suche,
verschwinden sie auch schon.

Du willst sie nicht hören.
Meine Worte interessieren Dich nicht.
Eisig weht in Dir der Wind.
Ich kann Deine Kälte spüren.

Seit ich Du mich berührt hast,
friere ich manchmal von innen.

Kein Know-How

Und während ich mutig voranschreite,
spüre ich die gleiche Furcht wie Du.
Und während Du denkst,
es sei sicherer mir zu folgen,
fühle ich mich so unerfahren wie Du.

Denn immer, wenn ich bei Dir bin,
zerfällt alles was ich weiß in Sekunden zu Staub.
Und alles, was für mich selbstverständlich ist,
eigentlich leicht fällt und natürlich ist für mich,
verwandelt sich in Deiner Nähe zu einer riesigen Welle.

Nie fühlte ich mich ruhiger und sicherer als hier
 - bei Dir.
Und nie war ich verletzlicher.
Nie fühlte ich mich lebendiger als hier
– bei Dir.
Und nie war ich ängstlicher.

Um Deine Stimme fließe ich entlang wie
geschmolzene Butter,
Dein Lachen explodiert in meinem Herzen
wie ein Vulkan und während ich mich erkannt fühle
von Deinen Augen, die so tief schauen wie das Meer,
bin ich berührt an dieser unberührten Stelle in mir.

Wo alle meine Schritte neu sind,
wo alles, was ich weiß, nicht ist,
wo alles, mit dessen Hilfe ich mich bewege,
verschwindet.

Ich fühle mich wie ein Kind, neugeboren und scheu,
nie losgegangen, nie was gesehen, nichts erlebt
und doch voll Neugier und wildem Interesse,
dieses Land zu entdecken. Unser Land.

Du hast keine Vorstellung davon,
wie jungfräulich ich bin,
wie unschuldig und unberührt,
– hier – bei Dir.

Trotzdem Liebe

Ich kann nichts sagen.
Ich kann nie etwas sagen.
Ich verberge mich vor Dir, vor Dir und vor Dir.
So bin ich allein. Immer allein.
Ich lebe, ich fühle, ich bin da.
Aber ich kann mich nicht zeigen.
So bleibe ich ungesehen und verkannt.

Meine Zeichen können kühl sein. Dich vertreiben.
Damit Du nicht siehst, wer ich bin.
Wie unsicher und bedürftig. Wie ängstlich und klein.
Unerfahren, unwissend und schwankend.
Wie sehr ich mich schäme.
Wie kannst Du mich lieben, so wie ich bin?
Oh wie sehr ich mich sehne.
Nach Berührung, Akzeptanz, Liebe.
Danach, dass Du mich doch siehst.
Erkennst und „trotzdem" liebst.

So kämpfe ich meinen einsamen Kampf.
Um Dich, die Du mich ernsthaft suchst.
Um Dich, die Du immer wieder gehst,
weil ich Dich vertreibe.
Durch meine Zaghaftigkeit.
Durch meine Verschlossenheit.

So öffne ich und schließe mich.
Zeige und verberge mich.
Damit Du ein bisschen siehst.
Damit Du ein bisschen bleibst.

Es ist schwer. So schwer.
Und so gefährlich für mich.
Und jetzt stehst Du da und sagst Ja.
Zu mir. Nach all der Zeit.
Und ich sehe sie, Deine tiefe Liebe.
Ich sehe, dass Du vorgedrungen bist.
Zu soviel Erkenntnis über mich. Wie glücklich ich bin.

Und doch –
was es jetzt braucht, kann ich immer noch nicht.
Denn Du weißt noch nicht alles. Lange nicht alles.

Weil ich mir sicher bin. Dass Du dann nicht bleibst.
So kann ich es noch ertragen. Das Du gehst.
Weil ich weiß, warum.
So geh. Geh jetzt.
Denn wenn Du gehst,
weil Du mich ganz gesehen hast,
ist es mein bitteres Ende.
Doch das sage ich Dir nicht.

Weil Du es niemals verstehst.
Du verstehst das nicht.

Deshalb bricht es Dir jetzt das Herz.
Doch ich werde es Dir zeigen.

Später.
Wenn Du weg bist.

Auf dem Weg,
der mir noch bleibt.

Damit Du es siehst.

Verstoßene Liebe

Du kannst nichts sagen.
Du kannst nie etwas sagen.
Du bleibst allein. Immer allein.

Und weil ich Dich liebe, bleib ich es auch.
Ich gleite hinab am Rande Deiner Furcht.
Weil Du mich vertreibst, wo ich Dir nah sein will.
Wo ich Dich berühren muss, es mich hinzieht, immer wieder,
da, an Deine gefährlichste Stelle.

Und so kämpfe ich meinen einsamen Kampf.
Indem ich mich zeige und auch verberge.
Damit Du nicht fliehst.
Indem ich mich öffne und auch schließe.
Damit Du nicht fliehst.

Denn da, wo Du fliehst, bin ich ängstlich und klein.
Wertlos und verstoßen.
Da, wo Du fliehst, lasse ich mich immer vertreiben.
Laufe ich fort vor meiner größten Wunde.
Die so tief ist. Und alt.

Oh, wie sehr ich mich sehne.
Nach Deiner Standhaftigkeit und Deinem Ja.

Danach, dass Du mich siehst.
Mir traust und mich liebst.
Mich ernst nimmst und bleibst.

Es ist schwer. So schwer.
Und so gefährlich für mich.
Zu stehen im Feuer meines tiefsten Verlassen seins,
wo meine Liebe am größten ist.

Doch ich kann nicht mehr kämpfen.
Und falle ins Feuer. Ich fühl es und brenne.
Ich schreie und weine. Immer und immer wieder.
In atemlosem, unendlichem Schmerz.

Jetzt bin ich allein.
Und kann darin sein.
Mich zeigen, offen und klar.
Weit und wahr.
Selbst wenn Du fliehst.
Ich bin standhaft in meinem Ja.

Ich sehe mich, ich traue mir,
nehme mich ernst und bleibe.
Ich liebe mich – und Dich!
Hier ist mein Platz. Hier will ich sein.
Die brennendste Frage: Willst Du?

Und während Du Nein sagst,
werde ich wieder verstoßen.
Wo meine Liebe am größten ist.

Und doch.
Ich sehe mich, ich traue mir, ich liebe mich.
Und Dich. Und ich steh.
Du willst, dass ich geh. Und ich geh.
Es tut unendlich weh.
Weil ich die Lüge noch immer nicht wirklich versteh.

Doch dann hast Du Dich wohl noch gegeben.
Auf Deinen Seelenwegen.
Weil Worte es nicht zeigen können.
Diese blanke, eiskalte Angst.
So hoch und so tief.
So weit und so breit.
So verschlungen und verklebt.
In Dich hinein gewebt.

Und als ich zitterte in unfassbarer, nackter Furcht,
habe ich verstanden.

Danke dafür.
Ich weiß es jetzt.
Du bist immer geborgen.
Hier in meinem Herzen.

Warum ich Dich liebe?

Ja, seltsam.
Ich hätte gedacht, dass ich darauf Antworten hätte.
Mit ganz vielen Gründen.
Deinen Humor und Dein Lachen – Deine Augen –
Deine Stimme – Deine Wärme
Deine Ehrlichkeit – Deine hölzerne Art –
Deine weiche Art.
Aber seien wir mal ehrlich. Lachen können viele schön.
Und warme, ehrliche Menschen gibt es zu Hauf.
Vielleicht lacht keiner so wie Du –
und auch Deine Augen gibt es nur einmal auf dieser
Welt, aber das ist es nicht allein.

Es ist etwas Unsichtbares. Unerklärliches.
Es ist etwas, das hinter all dem liegt, namenlos.
Es liegt zwischen den Zeilen, zwischen den Worten,
hinter dem Lachen, summt mit im Klang Deiner Stimme.
Es ergießt sich still und geheimnisvoll hinein in mein
Sein, fließt durch mein Inneres und berührt diesen
Haken, der immer schon schräg stand,
mein ganzes Leben.

Und legt ihn um.

In mir ist bei Dir einfach alles am richtigen Platz.

Und als sie so da saß,

mitten im saftigen Gras,
mit den Tautropfen flüsterte
und dem Licht spielte,
dass die Sonne auf die Halme warf,
hörte sie eine Stimme.

Leise. Sanft.

„Dieses ist Mein Leben. Nicht Deins.
Ich kümmere mich um Alles.
So bleibe in Mir und lass los.
Ich lege die Dinge, wie sie gehören.
Sie sind nicht Deine Angelegenheit.

Sie sind Meine."

Hüte mich

und schütze mich.

Stell diese Welt nicht über mich.
Gib Dein Leben dafür
und ehre mich, halte mich.
Geborgen und sicher.

Denn so kann ich mich entfalten.

So ströme ich Blüten bunt und duftend
öffne für Dich Früchte, köstlich und süß
schenke mich und gebe mich –

ganz für Dich.

Reflexionen

Das Tor

Manchmal stehst Du jahrelang vor einem
verschlossenen Tor.
Während Du hinter dem Tor
dieses flüsternde „komm" hörst,
nimmt die Verwirrung zu,
weil der Sesam sich einfach nicht öffnet.
Bis Du gehst.
Bis Du Dich umdrehst,
unter Tränen - und gehst.

Doch das Flüstern erreicht Dich überall.

Es raunt durch den Wind,
legt sich hinein das Rauschen der Blätter,
summt durch Deinen Tag und singt durch Deine Nacht.

Du kennst es - Du weißt es. Jetzt lebst Du damit.
Weil es nicht aufhört. Niemals.
Irgendwann wirst Du zurückkehren. Du weißt es.
Wirst Dich noch einmal davor stellen – vor dieses Tor.
Einmal noch!

Und wenn es dann aufgeht, wirst Du das Land,
dass dahinter liegt, nie mehr verlassen.
Das weißt Du auch.

Dieser Mut

Dieser Mut nimmt mir den Atem.
Dieses Voranschreiten und Durchschreiten,
während mir das Herz pocht bis zum Hals,
während meine Hände ihren Dienst versagen
und mir herausfällt, was ich halten wollte.

Diese Begegnungen mit den Monstern der Nacht,
die sich mächtig und dröhnend hinstellen,
mitten hinein in den Weg.
Das Schließen meiner Augen und das Weitergehen,
das Weitergehen trotzdem – nimmt mir den Atem.

Mit schreckgeweitetem Herzen und atemlos
laufe ich durch diese Landschaft,
in der sich Baumkronen bedrohlich gen Himmel richten,
goldener Harz vermischt mit Schwarz nach mir greift,
mit Blick auf die Lichtung, in der ich es sehe.

Das Leuchten der Sterne, ihren silbernen Glanz.

Und ich gehe weiter – bis ich angekommen bin.
Während dieser Mut mir den Atem nimmt.

Endlich!

Ich möchte Worte schenken,
für Dich, meine Liebe, meine Seele, mein Herz.
Doch ich kanns kaum sagen,
kaum sagen, wie es wirklich ist.

Unter meinen Lidern liegt fortwährend Dein Gesicht,
tief in mir hör ich den Klang Deiner Stimme.
Jeden Moment eines jeden Tages.

Und jetzt spült sie durch meine Zellen,
die Welle der Sehnsucht,
lauter und lauter, stärker und stärker,
tiefer und tiefer, höher und höher,
schwingt sich hinein in all mein Sein.

Silbern sprüht sie aus meinen Augen,
wandelt sich in leise Tropfen,
wie lange noch, wie lange noch?

Ich schließe meine Augen, bis der Griff mich freigibt.
Und dann – renne ich los!
Direkt hinein in Deine Arme!

Endlich!

Ich kann das alles nur mit Dir.

Weil ich von Dir ergriffen bin.
Weil Du mir nah bist und ich Dich kenne.
Nach all den Jahren bist Du mir vertraut
wie eine zweite Haut.

In Dir will ich mich bewegen.
Mich ausprobieren – entdecken - und Dich.
Ich will eintauchen in das Mysterium, das wir sind.
Dich suchen und finden. Mich suchen und finden.
Weil ich muss.

Und immer wenn ich am Abgrund stehe,
am Abgrund meiner Angst und nicht wage,
zu springen, so springe ich doch.
Weil ich muss.

Und immer, wenn ich nicht weiter weiß
nicht wage zu fragen, so frage ich doch.
Weil ich muss.

Mit Dir muss ich immer weiter gehen,
tiefer tauchen, höher fliegen.

Und mich schockieren der Himmel und die Sterne,
wenn sie in ihrer wundersamen Schönheit
auf mich herabfallen,
mich einhüllen und entführen in Welten,
von denen ich nicht wusste, dass es sie gibt.

Mich schockiert die Intensität dieses Feuers,
die Hitze dieser Leidenschaft,
die Zartheit und Unschuld dieser Liebe.

Die Verletzlichkeit und die Angst,
die Tiefe und die Größe,
das Unveränderliche und Wachsende,
das Enge und Weite,
die Spannung und die Leichtigkeit,
diese Hingabe, in der ich fließe,
wenn ich bei Dir bin.

Ich kann das alles nur mit Dir.
Von Dir bin ich ergriffen.

Mit Dir muss ich.

Hörst Du den leisen Gesang?

Wie er sich hineinlegt in warme Luft
und tanzend in Deinen Atem singt ....

Fühlst Du den leisen Drang?
Wie er durch die Strahlen der Sonne zieht,
sich in Deine Nähe sehnt ...

Siehst Du die Bilder?
Wie sie sich träumend in den Wind schwingen,
wie Lieder der Liebe in den Äther dringen ....

Die Kuppen meiner Finger?
Die sanft über Deine Hände gleiten
und in Deine Haut lächeln ....

Stille Klänge .... klingen ....
Bis ich bei Dir bin ....

Manchmal

Manchmal treibt mich die Sehnsucht nach Dir
hinaus in die Nacht.
Dann will ich verschmelzen mit dem schwarzen
Firmament, tanzen mit den silbernen Sternen
und flüstern mit dem Mond.

Hinein singen will ich sie dann, meine Töne der Liebe,
hinein in den glänzenden Staub herabfallender Stille,
umhüllen soll mich der Mantel der Dunkelheit,
warm und weich, mild und ganz,
so ganz und klar wie Deine Seele mich nimmt
und zu sich zieht.

Wo nur könnte ich anders sein,
als hier in Deinem Himmel?
Wo nur könnte ich anders sein,
als hier in Deinem Himmel?

Solange, bis ich wieder bei Dir bin.
Bei Dir, mein Herz.
Meine Seele.
Meine Liebe.

Geheimniskrämer!

Wie haben sie es geschafft,
Dir den Mund so zuzunähen?

Du weisst es genau, so genau.
Ich komme nicht an – gegen Dein Wissen.
In Dich hineingegossen wie flüssiger Zement.

Denn ich könnte es schon.
Weil wir alles schon haben.
Nur nicht den Kuss.

Mit
dem
Kuss
könnte
ich
es
schon.

Hilflos

Wie hilflos ich da steh.
Nur zuschauen kann.
Manchmal würde ich Dich wirklich gerne
rütteln und schütteln.
Doch ehrlich, ich merke genau,
dass das nicht geht.
Ich sehe, wie das seine Kreise zieht.
In Dir.
Ich sehe, wie es Dich immer wieder einholt.

Meine Worte bewirken nichts.
Meine Liebe bewirkt nichts.
Meine Umarmung - bewirkt nichts.

Wie hilflos ich da steh.

In meiner Liebe zu Dir.

Die Lüge

Irgendwann
lässt Du die Lüge
einfach stehen.

Hörst auf, sie zu überhören und
durch sie hindurch zu sehen.

Irgendwann
lässt
Du
sie
einfach
stehen.

Sehen

Du kannst
nur sehen,
was Du kennst.

Was Du
nicht kennst,
musst Du
erst
sehen
lernen.

Freigesprochen!

Der Turmwächter hat seine Tore geöffnet,
das Gelübde gelöst und sie freigesprochen.
Der Korb, in dem die Blumensamen liegen,
die sie unermüdlich streute, ist niedergelegt.
Sie muss ihn nicht mehr tragen.

Das Land um die Burg ist nicht mehr ihr Auftrag.

Langsam, behutsam und unter seinem Geleit
tritt sie hinaus, hinweg über den Burggraben,
nach Hause – in ihre Heimat.

„Ich danke Dir für Deine Blumen,
Du hast mein Los, hier gefangen zu sein,
erträglich gemacht. Ich darf Dich nicht halten.
Geh. Du bist frei."

„Ich danke Dir für Deine Burg,
sie hat mir Schutz gegeben.
Und Geborgenheit.
Du bleib – und sei für immer gesegnet."

Und während sie in die Wälder schreitet,
den Duft des Grüns atmet und
dem Rascheln der Blätter lauscht,
dreht sie sich noch einmal nach ihm um.

Sieht ihn da stehen, ihr nachsehen.

Sie weiß jetzt, es wird ihm gut gehen.
Ihre Blumen um die Burg werden nie verblühen.
Sie sind stark und gefestigt.
Leuchten ganz von allein.

Er weiß jetzt, es wird ihr gut gehen.
Den Schutz seiner Burg nimmt sie mit.

Sie werden immer vereint sein.

Alte Bahnen

Manchmal katapultiert Dich das Leben aus
alten Bahnen.
Dein Haus explodiert, Dein Land verbrennt
und Du stehst da ohne Heimat.
Es wirkt „ungewollt", „von niemandem bewirkt"
und eigentlich total „verkehrt".

Und während Du mit schreckgeweiteten Augen,
ja atemlos auf die Tragödie schaust,
merkst Du es.

Dieses Haus war lange schon unbewohnbar.
Und doch – Du hast es geliebt.
Die Risse in den Wänden, die quietschenden Türen,
die kleinen Fenster, die sich kaum schließen ließen.

Wenn im Winter die Kälte durch die Mauern kroch,
der Ofen knisterte und es trotzdem Felle brauchte,
damit Du nicht frieren musst.

Besucher bekamst Du nie.
Weil das Land steil war, felsig und hart.
Verdorrte Bäume den Weg säumten und
Dornenhecken den Durchgang erschwerten.
Des Nachts heulten unsichtbare Wölfe
und seltsame Geräusche machten den meisten Angst.

Diese Rosen.
Diese tiefroten Rosen.
Direkt da versteckt hinter dem Haus.
Ohne viel Wasser blühten sie in ganzer Pracht.
Magisch verströmten sie den himmlischsten Duft.
Und die Nacht.
Sie war hier näher als an irgendeinem anderen Ort.
Den Mond und die Sterne –
Du konntest sie fast berühren.
Um Dein Haar lag immer ihr silberner Glanz.

Jetzt wirst Du Dich auf den Weg machen.
Hinunter in die Stadt. Hin zu den Menschen.
Mit ihrer Musik, ihrem Lachen und ihrem Tanz.
Ihren Gesprächen und ihrer Betriebsamkeit.
In ein neues Haus. Ohne quietschende Türen.
Mit blühendem Vorgarten,
schließenden Fenstern und Heizung.
Einer Klingel an der Tür.
Weil Du jetzt Gäste bekommst.

Du wirst nichts mitnehmen,
außer den Duft der Rosen und das Silber.
In Deinem Haar.

Endlich!

Endlich wurde er gesprochen.
Der mächtige Zauberspruch.
Jetzt ist er geöffnet - der silberne Kreis.
Wie sehr habe ich darauf gewartet.

Doch jetzt fühle ich mich wie dieser Schmetterling.
In dieser riesigen, goldenen Voliere.
Mit dem Geruch der Freiheit
und dem Blick weit über die Grenzen hinaus.

Und während die goldenen Stäbe sich auflösen,
fühle ich es. Dass es schon immer freiwillig war.
Dass es kein „Ohne Dich" geben wird.

Weil es nichts Größeres zu entdecken gibt.
Nichts Herrlicheres zu finden.
Weil Du mein Hafen bist. Mein Angekommen sein.
Das, wonach ich immer suchte.

Gott.

Nicht so einfach

Der Wald wirkt dunkel und viel zu grün.
Das Moos ist zu weich
und durch die Rinde der Bäume
flüstert altes Gemäuer.

Während sie sich ins Gras legt,
ihre Hände verloren
durch taubenetztes Gras gleiten,
fühlt sie klanglose Einsamkeit.

Still schließt sie ihre Augen,
atmet tief
und
summt
ein
trauriges
Lied.

Die Katastrophe

Da kommt sie angetrabt.
Die RIESENKATASTROPHE.
Der gähnende Abgrund.
Das Ende der Welt.
Der totale Untergang!

Gefolgt von diesem ohrenbetäubenden Schrei,
der gellend durch die Sphären hallt
und alles vor Schreck innehält.

Kein Wind,
kein Ton,
keine Bewegung.
Nichts.

Nur Dunkelheit.

Nur
das
Ende
von
Allem.

Die Lichtung

Er wollte schon immer zu ihr kommen.
Leider konnte er oft nicht durchdringen.
Um die Lichtung herum war alles verwachsen.
Doch manchmal öffnete sie sich wie von Zauberhand,
gab den Weg frei zu dem sonnendurchfluteten Platz,
wo sich die Einhörner Guten Tag sagen.

Rojbas.

Der Klang ihrer Mähnen im Wind verzauberte ihn.
Immer und immer wieder.
Doch er konnte nie bleiben.
Nach kurzer Zeit verschwand sie,
wie sie gekommen war.
Direkt vor seinen Augen.

Die Äste der Bäume
und ihre Zweige schlossen sich
und es schien,
als wäre sie nie da gewesen.

Licht

Im Licht zu wandeln heißt sichtbar zu sein.
Transparent.
Unverschleiert.
Je mehr Du es für Dich selbst bist,
umso mehr kannst es für Andere sein.

Nur da, wo Du Dich selbst nicht kennst,
kannst Du Dich auch nicht zeigen.

Nur,
weil wir uns selbst
noch nicht zur Gänze sehen,
fällt es uns schwer, wahrhaftig zu sein.

Doch was noch im Dunkeln liegt,
wirkt trotzdem.
Kommt an.
Wird wahrgenommen.

Und sorgt so manches Mal für Verwirrung.

Die Rose

Das hab ich schon mal versucht.
Eine Tulpe in Deinem Garten zu sein.
Ich hab mich immer wieder verwandelt.
Nach kürzester Zeit.

Wenn dann der Gärtner kam und mich sah,
schnitt er meine Form wieder zurecht.
Während ich blutend auf die herabfallenden
Blütenränder und Dornen starrte,
hoffte ich wirklich, sie würden nicht nachwachsen.
Ich hab mich so angestrengt.

Doch immer, wenn ich Dich sah,
verwandelte ich mich erneut.

Heute versuch ich es gar nicht mehr.
Denn eine Rose
ist eine Rose
ist eine Rose
ist eine Rose.

_I_ch weiss …..

um den großen Wert Deiner Geschenke.
Denke nie, ich habe sie nicht erkannt.
Nur meine eigene Unliebe hat sie manchmal
vor meinen Augen verschleiert.

Ich weiss ….
um die Schritte, die Du gegangen bist.
Um ihre Besonderheit und das Wagnis,
dass sie für Dich waren.
Nur mein Temperament hat sie manchmal zertreten.

Ich weiss ….
um das Vertrauen, dass Du mir gabst.
Dieser wunderbare Duft wird mich begleiten
ein Leben lang.

Ich bitte Dich innigst um Vergebung.
Für die Schreckmomente, die ich Dir bescherte,
für das Wilde an mir und das Schäumende.

Und obwohl ich weiß, dass ich bin wie ich bin,
werde ich hier – an dieser einen Stelle,
niemals verwinden, dass ich bin wie ich bin.

Ich wäre so gern für diesen einen Moment
eine scheue graue Maus gewesen.

Der Tanz

Ich weiß,
dass es ein gewaltiger Tanz war.
Und doch – ich kann ihn kaum sehen.
Ich kann auch nicht sehen, wie er entstanden ist.
Und wie er hieß, weiß ich auch nicht.
Ich kann mich nur erinnern an den Klang und den Beat,
die Griffe, das Drehen und Gleiten.
Dass ich so manches Mal dachte: „jetzt wird es knapp."

Ich weiß,
dass es ein gewaltiger Tanz war.
Ich weiß, dass er stattgefunden hat
und dass er zu Ende getanzt ist.

Ich sehe, dass nichts passiert ist
und
dabei eine
Polverschiebung
stattgefunden hat.

Liebe ohne Bedingungen (ein Teilaspekt)

Die Liebe ist frei. Für Dich und für mich.
Knüpfe ich sie an Bedingungen, beginne ich,
meine Bedürfnisse als Forderung an Dich zu richten.
Zu versuchen, Dich diesbezüglich passend zu machen.
Liebe ohne Bedingungen bedeutet aber nicht deshalb
 automatisch, meine Bedürfnisse zu verleugnen.
Damit ich dann passend werde für Dich.
Bedingungslose Liebe geht nicht nur in eine Richtung.
 Sie schließt alles ein.
Ich glaube,
dass Bedürfnisse ganz grundlegender Natur sind.
Sie haben Daseinsberechtigung.
Sonst wären sie nicht da.
Sie sind der Boden, auf dem wir gehen.
Und davon gibt es viele Unterschiedliche.

Felsige Böden für Steinböcke.
Lockere Böden für Regenwürmer.
Sandige Böden, nasse Böden, Trockene.
Weiche und harte. Oder mittelharte.

Wenn nun ein Regenwurm einen Regenwurm liebt,
ist das eine gute Sache. Sie haben ein natürliches,
gemeinsames Fundament. Da kann man schon mal
eine ganze Strecke zusammen Tunnel bauen.
Gemeinsam unterwegs sein.

Nebeneinander, miteinander und Hand in Hand.
Vielleicht auch für immer.

Wenn jetzt ein Regenwurm und ein Steinbock von
Amors Pfeil getroffen werden, stehen sie vor einer
großen Herausforderung.
Was Amor sich dabei gedacht hat!
Sie werden versuchen, was geht, die zwei.
Der Steinbock wird es leichter haben.
Er kann von seinen Felsen immer mal wieder abrücken
und auch auf dem lockeren Boden spazieren gehen.
Wenn aber der Regenwurm dann anfängt,
darin zu verschwinden, wird der Steinbock ganz schön
nervös. Denn eh bewegt er sich nicht auf vertrautem
Terrain und dann auch noch jetzt alleine.
Während der Regenwurm auf den Felsen nu gar nicht
klar kommt. Jetzt strengen sich beide unheimlich an.

Der Regenwurm ist sehr bemüht, an der Oberfläche zu
bleiben, was ihm nicht entspricht, weil es da gefährlich
ist für ihn - während der Steinbock in dem lockeren
Boden immer ein bisschen einsinkt.
Sein wesensgemäßes Klettern und Springen kann er
schon gleich vergessen.

Und nach einer Weile wird das ganze Unterfangen zu einem echten und dauerhaften Akt. Für beide.
Die Bereitschaft für den anderen das eigene Terrain zu verlassen und sich zu verbiegen, führt sie an den Rand ihrer Kräfte. Am Ende müssen sie scheitern.
Weil es naturgegeben ist.
Jedes Ding hat seine Grenzen. Natürliche Grenzen.

Vielleicht wollte Amor sie darauf hinweisen?
Weil der Steinbock und der Regenwurm immer dachten, die Liebe macht alles möglich?
Denn die Liebe ist die stärkste Kraft?
Vielleicht sind sie nun einem Missverständnis auf der Spur.

Vielleicht müssen sie lernen, sich selbst zu gewinnen.
So ganz und total.
Im Sinne von Anerkennung dessen, was sie wahrhaft sind. Wahrhaftig sein. Und zwar Absolut.
Erkennen, dass sie in Wahrheit keine Tunnel zusammen bauen und nicht gemeinsam auf Felsen umherspringen können. Und dass der Weg dazwischen sie einengt.
Von ihrem wahren Wesen entfernt.

Und jetzt kommen wir zu Amors Ziel.
Der bedingungslosen Liebe.

Der Steinbock kehrt zurück in seine Berge.
Der Regenwurm lässt ihn gehen.
Und weil die Liebe groß ist, winken sie sich immer wieder zu.
Aus den Tiefen der Felsen hallt ein: „ich liebe dich" durch die Tunnel der Erde. Und findet sein Echo über die Felsen ins Tal.
Und beide sind da, wo sie hingehören.
In ihrer angestammten Heimat.
Jetzt können sie klettern und springen, tunneln und graben nach Herzenslust.
Verbunden im Herzen leben sie frei ihr gottgegebenes Leben.
Und ja.
Vielleicht besuchen sie sich auch mal.
Immer wieder für kurze Zeit.
Weil sie weiter geworden mit der Zeit.
Während dem Regenwurm felsige Schuppen wuchsen und er sich außerhalb der Erde nicht mehr bedroht fühlt – und die Hufen des Steinbocks in der lockeren Erde Halt finden. Er sogar hüpfen kann.
Und sie jetzt immer solange beisammen sind, wie sie wahrhaftig sein können. Sich dann wieder loslassen.

Weil sie den anderen verstehen.
Und lieben.
Man kann nie wissen, wohin das führt.

Ich will hinauswachsen

über mich selbst.
Mein Herz so weit dehnen,
dass es alles in sich aufnehmen kann.

Den Verzicht und das Glück.
Den Tod und das Leben.

Ich will trinken und fließen lassen,
hinein und hinaus,
mich verankern in meiner Erde und da sein.
Da bei mir und bei Dir.
Bei Dir und bei mir.

Ich will spenden und schenken,
immer soviel wie wir nehmen können.
Den Überfluss reiche ich Gott und der Welt.

Ich will offen und leicht sein.
Mich tragen und führen lassen ohne Widerstand.
Gleiten – ganz sanft da entlang, wo unsere Freude ist.
Den Blick richten auf das, was wir wünschen
und uns erfüllen. Auf den Reichtum, den wir haben.

Ich will lachen und glücklich sein. Auch mit Dir.
Denn ohne das Glück mit Dir
gibt es auch keines woanders.

Denn ohne das Ja zu Dir gibt es auch keines zu mir.

Manchmal

wissen
wir nicht,
was wir tun.
Können nicht sehen
den Riss,
den unsere Worte
bewirken.
Können nicht sehen
den Abgrund,
in den wir
stoßen.

Manchmal wissen
wir nicht,
was wir tun.
Manchmal wissen
wir nicht,
wie sehr
wir geliebt sind.
Wie sehr.

Mein Ja

zu Dir ist nicht blind vor Liebe.

Mein Ja zu Dir ist ein sehendes Ja.
Es ist ein wissendes Ja.

Es hat sich heraus gearbeitet.
Aus mir herausgeschält.

In dem sehenden Wissen
über Dich und mich selbst.

Und in dem vom Herzen

geforderten „Trotzdem".

Sag mir nicht ...

.....ich hätte es anders machen können.
Weil Du es so nie gemacht hättest.

Sag mir nicht,
ich hätte ihn ja gewählt, diesen Weg.
Weil Du ihn nie gegangen wärest.

Erzähl mir nicht,
was Du schon beim Zuschauen alles gesehen hast
und dass ich geschlafen habe.

Weil Dir meine Antwort gar nicht gefiele.

Denn ich habe weder den Weg gewählt,
noch hätte ich ihn nicht gehen können.
Ich habe auch nicht geschlafen.
Denn in Wahrheit habe ich viel mehr gesehen
als ich Dir je zu sagen vermag.

Drum sei einfach still und lebe das Leben,
in das Du hineinfließen musst.
So wie ich.

Passend gemacht

Ich habe mich „passend" gemacht.
Nicht da, wo ich mir meinen Raum schon nehme.
Nicht da, wo ich mich der Welt zumute,
weil ich da auch alleine stehen kann.

Ich habe mich „passend" gemacht.
Da, an der größten Wunde.
Wo ich allein war, als es noch gar nicht ging.
Wo ich gestorben wäre, weil es da keinen Halt gab.

Ich durfte nicht so sein.
Nicht groß und nicht tief. Nicht weit.
Nicht klar und nicht wahr.
Nicht dort.
Denn dort waren sie - die Wespennester.
Groß und gefährlich und ohne Pardon.
Da wurde ich ausgestoßen.
Verraten, verleugnet und passend gemacht.

Es gab keinen Ort für diesen tiefen, wahren Kern.
So habe ich ihn eingehüllt und alle verschont.
Damit niemand Verantwortung übernehmen muss.
Niemand fürs Leben und Tragen –
niemand fürs Fühlen und Führen.
Niemand für mich - und für sich.

Und auch Dir habe ich mich nicht gezeigt.
Auch Dich habe ich verschont. Vor meinem Kern.

Doch zu Dir zog es mich so tief.
So tauchte ich ein in meine Sehnsucht.
Übte mich im Zeigen.
Im Sprechen, Klären, Wünschen.
Vorsichtig. Leise. Behutsam.
Immer so, dass Du bleiben konntest.
Langsam dehntest Du Dich
– und ich mich auch.

Mitverantwortung am Tanz
wollte ich Dir noch nicht geben.
Das war der gefährlichste Part.
Doch so konnte ich meine Not auch nicht zeigen.
Und nicht meine Liebe. Wie ernst und wie tief –
wie groß und wie weit sie wirklich war.
Du musstest wissen, es ist alles gut.
Ich kann. Ich kann. Ich kann.
Ich kann es alleine. Für Dich und für mich.
Keine Angst.

Weil Du so nah warst.
Du durftest nicht gehen. Du nicht!
Das hätte ihn auseinandergesprengt.

Meinen Kern. Dachte ich. Für immer.

Doch dieser Weg, dieser lange, lange Weg,
legte ihn immer mehr frei.
Ließ seine Stimme lauter werden,
klarer, weiter, größer, wahrer.

Der Wille, wirklich zu SEIN
– am liebsten mit Dir –
wurde geboren.
Das Ja zu mir selbst wurde deutlicher und klar.
Die Unerträglichkeit dieser Enge erkannt.
Das Heraustreten entschieden.
Ich wollte es tun.
Mit Dir zusammen!

Und ich ging voraus. Zeigte sie Dir.
Meine Weite, Größe und Tiefe.
Meine Liebe, so wie sie war.
Meine Not, so wie sie war.
Zeigte Dir, dass ich Dich brauche.
Mitzurudern im gemeinsamen Boot.

Und ich erlebte es wieder.
An dieser gefährlichen Stelle.
Fortgestoßen und verleugnet zu sein.
Verraten im Herzen, weil Du Deinen Part verweigerst.
Und ich wurde erschüttert. Im tiefsten Kern.

Nun ist sie aufgerissen.
Die Wunde und die Angst.
Danke dafür.
Das konntest nur Du bewirken. Nur Du.

Jetzt bleibe ich hier –
noch in dem Nachbeben
doch ich werde weitergehen.

Mein Kern wird sichtbar sein.
Immer und immer mehr.

Ich mute ihn zu –
Dir und Dir und Dir.

Ich werde klar sein und wahr.
Groß und weit und tief.
So, dass jeder es sieht.
Und ich gehe nicht mehr allein.

Nie mehr.

Nicht wissen

Nicht wissen müssen.
Vertrauen in den Lauf - den Fluss,
einverstanden sein mit den Biegungen,
Stromschnellen und stillen Phasen,
in denen das Wasser stillzustehen scheint.

Noch nie ist ein Fluss
geradewegs ins Meer geflossen.
Und die Breiten,
Langen und Mächtigen

erst recht nicht.

Reifezeit

Alles
braucht
seine Zeit
zum Reifen.

Bis
getan
werden
kann,
was
schon
spürbar st,
muss
die
Blüte
erst
aufgehen.

Dann
verströmt
sie
auch
ihren
Duft.

Weil Du es wissen willst

... packst Du sie weg, Deine Samthandschuhe,
die Du zum Schutze immer bei Dir trägst.

Damit keine Kratzer Deine Haut verunstalten
und Deine rotlackierten Nägel nicht versehentlich
in die Haut des Anderen geraten.

Nein, Du brauchst sie nicht mehr,
weil Du stark genug bist,
die Risse in der Haut zu ertragen.
In Deiner und der des Anderen.

Du sagst, was Du willst,
Du zeigst, was Du fühlst,
Du gehst gerade aus,
nicht mehr im Kreis.

Weil Karussell fahren auf Dauer
einer Gefangenschaft gleicht.

So findest Du raus, was Du wissen musst.

Damit Du aussteigen kannst.

Sprechen

Das Vertrackte am Sprechen ist,
dass wir unser Inneres preisgeben.
Wenn wir Wünsche äußern,
bitten oder fragen,
sagen wir in erster Linie etwas über uns selbst.

So verpacken wir unsere Bitten und Fragen
gerne in einen Scherz,
lachen dann anschließend drüber und hoffen,
wir wurden trotzdem ernst genommen.

Oder wir versuchen es mit den Augen.
Weil die ja bekanntlich Bände sprechen.

Sich hinzustellen und wirklich zu wünschen,
wirklich zu fragen und wirklich zu bitten bedeutet,
sich ungeschützt der Antwort auszuliefern.
Sich zu zeigen da – wo es wirklich brennt.

Dann stehen wir im Feuer.
Im Feuer unserer Wahrheit und der Möglichkeit,
zurückgewiesen, fortgeschickt und unerhört zu sein.

Solange wir das nicht aushalten,
können wir uns nicht zeigen,
nicht fragen,
nicht bitten,
nicht wünschen.

Licht

Im Licht zu wandeln heißt sichtbar zu sein.
Transparent. Unverschleiert.
Je mehr Du es für Dich selbst bist,
umso mehr kannst es für Andere sein.

Nur da, wo Du Dich selbst nicht kennst,
kannst Du Dich auch nicht zeigen.

Nur,
weil wir uns selbst noch nicht zur Gänze sehen,
fällt es uns schwer, wahrhaftig zu sein.
Doch was noch im Dunkeln liegt, wirkt trotzdem.
Kommt an. Wird wahrgenommen.

Und sorgt so manches Mal für Verwirrung.

Ich bin hier

Es ist schön, da zu sein.
Klar und wahr zu sein. Weit und tief.
Hier ist es gut und meinem Wesen gemäß.
So bin ich bei mir. Atme frei und leicht.

Du darfst Du da sein. Geborgen in mir.
Mein Ja ist gesprochen, Du darfst Dich zeigen.
Ich nehme Dich ganz.

Doch ich folge Dir nicht auf dunklen Wegen,
und nicht auf verschlungenen Pfaden.
Ich drehe mich nicht hinein in Dein Labyrinth.
Um Dir nah zu sein.

Ich bleibe hier.
Ich bleibe klar und wahr.
Weit und tief. Atme leicht und frei.

Vielleicht kommst Du mal rüber irgendwann.

Ich bin hier.

Das Leben

Das Leben ist Wandel.
Nichts bleibt, wie es ist.
Du liebst und vergisst.
Du bleibst und Du gehst.
Du beendest und findest neu.

Bis an dem Tag,
wo Dein Herz sich verschenkt.
Voll und ganz.

Du kannst das nicht tun.
Es geschieht.

Du
kannst
es
nicht
ändern.

Es bleibt.

Die Autorin:

Niranjana Adelberger

Zum Schluss möchte ich hier noch einen Lieblingstext
Hinzufügen, der geschrieben ist von Galway Kinnell.

Wir alle suchen diesen besonderen Menschen,
welcher der Richtige ist für uns.
Aber falls Du schon durch so manche Beziehung
gegangen bist, taucht in Dir der Verdacht auf,
dass es keine richtige Person gibt.
Nur verschiedene Geschmäcker von „falsch".
Warum?
Weil Du selbst „falsch" bist auf irgendeine Weise
und Du hälst Ausschau nach Partnern,
die so „falsch" sind, dass sie Dich vervollkommnen.

Aber es braucht eine Menge Lebenszeit, um vollkommen
hineinzuwachsen in Deine eigene „Falschheit".
Es geschieht nicht, bis Du endlich gegen sie anrennst,
Deine tiefsten Dämonen, Deine unlösbaren Probleme –
die, die aus Dir machen, wer Du wirklich bist –
bis Du bereit bist, den Partner fürs Leben zu finden.

Erst dann weißt Du, wonach Du suchst.
Du suchst nach der „falschen" Person.
Aber nicht nach irgendeiner falschen Person:
der „richtigen" falschen Person – der,
die Du liebevoll bestaunst und denkst:
„Dieses Problem will ich haben."

Lass unsere Narben sich verlieben.

- Galway Kinnell